7-17

LAS RUEDAS
La Carrera de la Amistad

THE WHEELS
The Friendship Race

Creado por Inna Nusinsky
Created by Inna Nusinsky

Ilustraciones de Michael Jay Roque
Illustrations by Michael Jay Roque

www.sachildrensbooks.com

Copyright©2015 by S.A.Publishing

innans@gmail.com

First edition, 2016

Translated from English by Laia Herrera Guardiola

Traducido del inglés por Laia Herrera Guardiola

The Wheels: The Friendship race (Spanish English Bilingual Edition)

ISBN: 978-1-77268-878-8 paperback

ISBN: 978-1-77268-879-5 hardcover

ISBN: 978-1-77268-877-1 eBook

Although the author and the publisher have made every effort to ensure the accuracy and completeness of information contained in this book, we assume no responsibility for errors, inaccuracies, omission, inconsistency, or consequences from such information.

Please note that the Spanish and English versions of the story have been written to be as close as possible. However, in some cases they differ in order to accommodate nuances and fluidity of each language.

Jonny, el coche, se miró a sí mismo en el escaparate de la tienda. ¡Qué guapo era él! Y qué velocidad — ¡Incluso podía batir a coches de carreras!

Jonny the car looked at himself in the shop window. How handsome he was! And what speed – he could beat even race cars!

—Soy el orgullo del vecindario—, gritó.

"I'm the pride of the neighborhood," he yelled.

Justo entonces dos ruidos de freno rompieron su fantasía.

Just then, two braking sounds broke his daydream.

De pronto los vio reflejados en el cristal del escaparate — sus amigos: Mike la bici y Scott el patinete.

He saw them reflected in the glass window – his friends Mike the bike and Scott the scooter.

— ¡Hola Jonny! —dijeron sus amigos. — ¿Qué tal?

"Hey Jonny! What's up?"

—Con ganas de una pequeña carrera hoy. —dijo Jonny, chirriando los neumáticos. —Pero no hay nadie con quien pueda competir.

"Feeling like a little race today," said Jonny, puffing his tires. "But there's no one I can race with."

— ¡Nosotros podemos competir contigo! — dijo Mike emocionado.

"We can race with you!" exclaimed Mike.

— ¡Para eso están los amigos! — añadió Scott.

"That's what friends are for!" added Scott.

Jonny no mostró mucho entusiasmo. —Mmm... un campeón necesita de un igual para competir.

Jonny didn't show much enthusiasm. "Mmm... A champion needs an equal to compete with."

Mike y Scott se miraron el uno al otro, hicieron una mueca.

Mike and Scott looked at each other. A cloud passed over their faces.

— *¿No somos Buenos? — preguntó Mike.*

"Are we not good?" asked Mike.

—*Oh, sois buenos— Jonny hizo un gesto en el escaparate. —Pero no lo suficientemente buenos.*

"Oh, you're good," Jonny made a face in the glass window. "But not good enough."

—De acuerdo, Jonny, — dijo Scott. — ¡Te retamos a una carrera ahora mismo! Vamos a la Carretera de la Colina y a ver quién acaba antes.

"Okay, Jonny," said Scott. "We challenge you to a race right now! Let's do Hill Road and see who finishes first."

Jonny lo consideró con una sonrisa burlona.

Jonny considered it with a smirk.

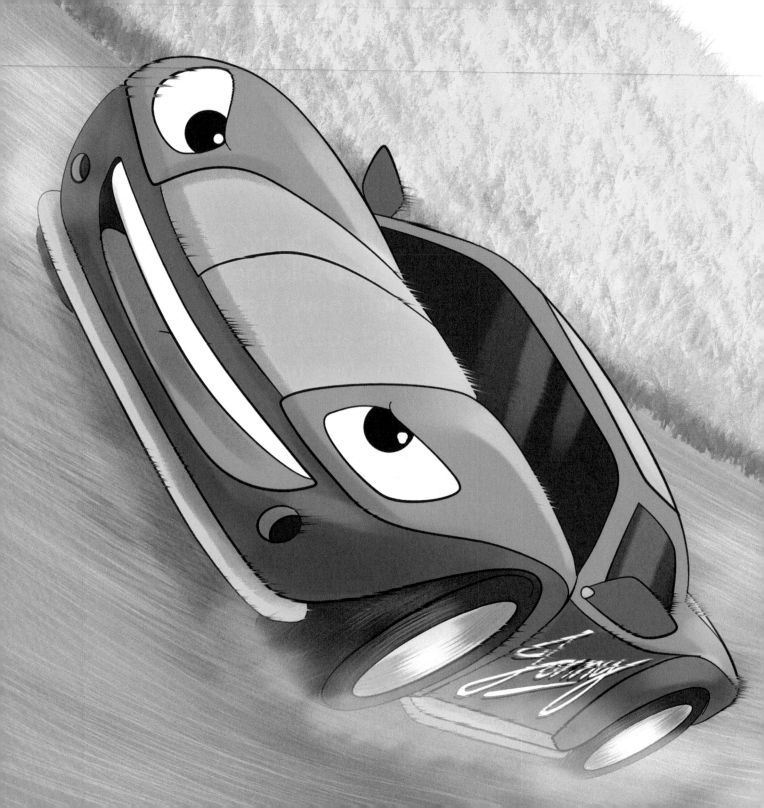

Cuando llegaron a la Carretera de la Colina, la carrera dio inicio.

As they reached Hill Road, the race began.

Empezaba con una cuesta empinada. Jonny rugió y en segundos ya estaba en la cima.

It started with a steep climb. Jonny roared and in seconds was over the incline.

Mike la bici estaba aún a medio camino... pero el pobre de Scott el patinete estaba jadeando y resoplando, lentamente cuesta arriba.

Mike the bike was already half way... But poor Scott the scooter was huffing and puffing, slowly climbing up.

Jonny llegó a la cima y se detuvo. Miró en el retrovisor — sus amigos estaban muy por detrás.

Jonny reached the hill and stopped. He looked at the rearview mirror – his friends were far behind.

Estaba aburrido ¡Al menos la música de la radio era buena! Cerró los ojos y empezó a moverse al ritmo de la música.

He was bored. At least the music on the radio was good! He closed his eyes and started moving to the beat.

De repente, algo pasó zumbando a su lado. Solo había humo. ¿Mike?

Suddenly, something whirred past him and he jolted his eyes open. There was only smoke. Mike?

Antes de que pudiera decir una palabra alguien más pasó a su lado. Jonny miró a través del humo que iba desapareciendo — ¡Era Scott corriendo por delante!

Before he could say a word something else went by. Jonny looked through the disappearing smoke—that was Scott racing ahead!

¡De ninguna manera! Ahora sentía pánico, ¡Él tenía que ganar!

No way! Now he panicked. He should win!

Segundos más tarde llegó al túnel. Rocas enormes estaban bloqueando la carretera, ¡No había forma de que un coche pudiera pasar! Incluso el auto de carreras más rápido, tal como él.

Seconds later, he got to the tunnel. Huge boulders were blocking the road. There was no way a car could pass through! Even the fastest race car like him.

Pero entonces, vio las marcas de neumáticos de Mike y Scott. ¡Habían franqueado el camino entre las rocas! Jonny suspiró.

But then, he saw the tire marks of both Mike and Scott. They had negotiated their way around the stone boulders! Jonny sighed.

Mientras tanto, Mike salía por el otro lado del túnel. Iba primero.

Meanwhile, Mike came out on the other side of the tunnel. He was leading.

¿Qué tipo de victoria es cuando tus amigos pierden?— pensó.

What kind of a win is that when your friends lose? he thought, stopping for Scott.

En segundos, Scott estaba a su lado.
In seconds, Scott was next to him.

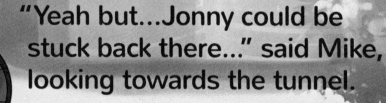

— ¿Por qué has parado, Mike? — preguntó. —¡Podrías haber ganado la carrera!

"Why did you stop, Mike?" he asked. **"You could've won the race!"**

—Sí pero... Jonny podría estar atascado ahí detrás...— dijo Mike, mirando hacia el túnel.

"Yeah but...Jonny could be stuck back there..." said Mike, looking towards the tunnel.

Hubo un momento de silencio.
A moment of silence passed by.

—¿Vamos a comprobar que esté bien? — preguntó Scott.
"Shall we go to check up him?" Scott asked.

Una sonrisa se dibujó en la cara de Mike. — ¡Vamos! — gritó y dio la vuelta.
A smile formed on Mike's face. "Let's go!" he yelled and turned back.

En el túnel bloqueado, Jonny estaba triste. No porque estaba perdiendo la carrera sino porque se sentía solo.

At the blocked tunnel, Jonny was sad. Not because he was losing the race but because he was lonely.

De repente —se escuchó un sonido de ruedas. ¡Eran Scott y Mike!

Suddenly he heard a sound of wheels. Those were Scott and Mike!

—Mike, vamos a mover estas rocas para que Jonny pueda pasar, — dijo Scott.

"Mike, Let's move these boulders so Jonny can pass," said Scott.

Los amigos empezaron a trabajar juntos, empujando las rocas fuera del camino.

The friends started to work together, pushing the rocks out of the way.

No era fácil, pero ellos empujaron y empujaron, pronto había espacio suficiente para que Jonny pudiera colarse.

It wasn't easy, but they nudged and nudged and soon there was enough space for Jonny to squeeze through.

Sonriendo llegaron al final de la Carretera de la Colina.

Giggling, they reached the end of Hill Road.

—¡Hemos ganado la carrera, todos!,—exclamaron Mike y Scott.

"We've won the race—all of us!" exclaimed Mike and Scott.

Solo Jonny estaba silencioso. —Me he portado mal con vosotros, — admitió. —Me di cuenta tarde, chicos, que juntos podemos hacer mucho más. ¡Gracias, amigos, por ayudarme a entenderlo!

Only Jonny was quiet. "I behaved badly with you," he admitted. "I realized it late, guys that together we can do much more. Thank you, my friends, for helping me understand that!"

De repente hubo aplausos, alegrándose por este grupo maravilloso de tres amigos fantásticos...

Suddenly, there was applause, cheering for this wonderful bunch of three terrific friends...

Amigos que descubrieron que ninguno de ellos era tan bueno como pueden serlo juntos.

Friends who discovered that none of them was as good as all of them.

CPSIA information can be obtained
at www.ICGtesting.com
Printed in the USA
LVOW06*1119060717
540450LV00016B/96/P